CHWANEY

TRENTE-TROIS

Préface de Dr Célestin Koffi Yao

POÉSIE

Chwaney
Trente-trois
Autoédition

Mise en page : François Messier

ISBN 978-2-9822961-0-7 (version papier)
ISBN 978-2-9822961-1-4 (version ePub)

Dépôt légal
Bibliothèque et Archives nationales du Québec, 2024
Bibliothèque et Archives Canada, 2024

Imprimé au Canada par BouquinBec
Service de publication accompagnée
bouquinbec.ca

Sommaire

PRÉFACE

Voici tracés 33 tableaux d'une érudition rare, éclatant comme de douces mélodies à l'âme.

Ces tirades, à la fois audacieuses et légèrement libertines, portent des titres évocateurs tels que : *Je suis Lee-Anne, Miss Terre, Corps d'âge, Légère, En Corps, Je n'ai d'Yeux que pour Dieu, Belle, Héritage/Tokyo, Mille-Feuilles, Candice*, ou encore *Envoûtement*. Leur diversité emprunte des airs variés pouvant s'accorder à différents contextes : chants contés, slams effervescents, récitals de jazz, concertos pour piano et voix mezzo-soprano, tantôt lyrique, tantôt dramatique.

Sous la plume exquise de Chwaney, ces poèmes vibrent comme les pages d'un journal intime – mais bien plus encore, ils se dévoilent comme un récit confessionnel où l'auteure s'abandonne sans retenue. Friedrich Klopstock, poète allemand, écrivait dans *Odes* que « faire de la poésie, c'est se confesser ».

En écho à cette maxime, Chwaney offre à ses lecteurs un miroir sans fard : elle y déverse son intimité, ses émotions, ses blessures, ses excès, ses passions, ses fantasmes, ses mystères.

Elle dévoile également, à travers un jeu subtil de mots, sa féminité énigmatique, sa sexualité complexe et ses vérités cachées. Ce voile de langage, loin de dissimuler, révèle davantage qu'il ne masque – car ici, voiler n'est jamais le véritable enjeu. Par cette prose en parabiose, Chwaney invite à une immersion totale dans l'univers de son âme, où chaque vers est à la fois un secret confié et une porte ouverte sur l'infini de ses pensées.

Dr Célestin Koffi YAO

REMERCIEMENTS

À DIEU, L'Éternel, Le Verbe Créateur, qui a inspiré chacun de ces thèmes et insufflé chacun de ces vers…

À mes parents, Samuel et Marie-Fall, dont l'amour et le soutien indéfectibles ont été la source de ma détermination.

À mes parents spirituels, Divine David et Alex Divine, dont la sagesse et les enseignements ont nourri mon inspiration.

À mes frères de sang, Clarisse, Eric, Edmée, Laetitia, Larissa, Nycias, dont l'excellence et la résilience m'ont poussé à me surpasser.

À mon Mari et à mes frères offerts par la vie, Salah, Véro, Betty, Alexandre, Noëlle, Ninnin, l'amour est aussi lourd que le sang…

À mes sœurs choisies par le cœur, Moulika, Déborah, Freeda, Lika, Teecya, Audrey, Laurence.

À ces frères d'art, Ly Lagazelle, Sess Essoh, Yeanzi, Nin'Wlou pour la créativité contagieuse et les stimulations salvatrices.

À tous les frères d'armes de la vision Mar'ah, pour la force partagée et les prières engagées.

À Mme Jeanine Remarck, pour les encouragements et la confiance.

À Docteur Koffi Yao Célestin, qui a tout déclenché, dès son premier regard sur mon art…

DÉDICACE

À Mme la Première Dame de Côte d'Ivoire,
Mme Dominique Ouattara,

À mon mentor, Mme Kandia Camara, Présidente du Sénat
de Côte d'Ivoire,

À ma maîtresse, mon modèle, Mme la Ministre d'État
Anne Désirée Ouloto,

À ma marraine, ma muse, Dr Sylvia Da Silva-Anoma,

À mes maîtres, Mimi Errol et Bomou Mamadou,

À Messieurs Roger Legré, Karim Ouattara, Hervé Assi,
Oscar Hessikaya et Fabrice Zady,

À Messieurs Gregor Weiss, Jean-Christ Amblard et à
Maître Kaloua Zogbo Pha,

À Monsieur Alain Koné et à tous mes maîtres,
professeurs et éducateurs, en particulier à ceux du
Lycée Sainte-Marie de Cocody,

Ce recueil est un hommage à vous tous ici,
Dont la présence dans ma vie
A façonné chacun de ces écrits.

Merci...

JE SUIS LEE-ANNE

À toi qui me suit,

Je suis forte, je suis femme.

En toi qui me lit,

Je suis souffle, je suis âme…

Par toi qui me vit,

Je suis feu, je suis flamme !

Pour toi qui me lie,

Je suis souple, je suis liane…

MISS TERRE

Si la Terre, est mère

De tous les mystères...

Alors la Mer est paire

De tous ces mystères,

Et si la Mère est terre

De tous les Mystères,

Alors la Mer est père

De tous ces Misters ...

CORPS D'ÂGE

Corde à corps, accord de principe…

Ouverture, couverture de l'âme et lien d'ancrage…

Rude, Dure… Qui dure

D'ÂGE en

Âge, et viens prendre racine en ce point.

Garde la porte de moi…

EAU, Terre, Air… Mère.

LÉGÈRE

Petit café,

Première bouffée,

Je suis amère...

Petit Chivas,

Dernier repas,

Je suis légère...

Donne-moi ton Souffle,

Ouvre-moi ta bouche,

Je suis ton air !

Libère tes peurs,

Découvre ton cœur,

Je suis Lumière.

EN CORPS

Je la veux cette force,

C'est elle qui me transperce

Et qui me brise cette écorce…

Mon enveloppe perverse.

Je la sens qui me perce…

En dedans, en mon Fort,

Intérieur, puis me berce,

En mon âme, réconfort…

Je l'attends cette Transe

Sur ma scène, mon décor.

Mon esprit entre en danse,

Beau théâtre hors-corps…

Je la prends LA Puissante,

Dans ma mort, sans effort.

Je m'éveille, brillante !

En-corps, j'en veux encore …

JE N'AI D'YEUX QUE POUR DIEU

Je cherche des yeux,

La source de ce jeu.

L'essence de mes vœux ?

Faire UN avec DEUX.

Je trouve en ce pieu/pieux,

Le bois qui allume en moi ce feu…

Je n'ai que faire du peu,

Je veux TOUT, je veux DIEU!

BELLE

Elle était tellement belle !
Fille de Babylone,
Elle était vraiment telle,
Parée de ses couronnes.

Elle était si fière de sa chute
De reins, et des autres,
N'attendait que la chute…
…Rien d'autre…

Ses tours s'élevaient
Sur des mètres
Et sur son passage se levaient
Tour à tour les maîtres…

C'était pourtant son tour
D'irriter le Grand Maître
Qui le fit savoir à la cour,
Les séparant tous d'un mètre.

C'est le saut sans parachute
De cette grande dame,
Dont les 4 vents soulèvent la jupe
Et dévoilent les charmes…

Elle a glissé
Cette belle femme.
Trop perchée, elle a chuté
La mad-âme...

CHARNELLE

Charnelle se libère de sa traîne,

Son seul parfum reste le Monde qu'elle draine,

Quelle est cette grande dame qui dans la boue se traîne ?

Ici bas elle n'a plus rien d'une reine…

Charnelle a quitté son manteau,

Sa belle lumière est passée sous l'étau.

Sur ses os, il ne lui reste que la peau,

Et de sa chair ne sort plus rien de beau.

Charnelle a brisé toutes ses chaînes

S'affranchir… Est-ce le destin d'une chienne ?

De son maître ? Elle aurait dû rester sienne…

Et de cette mort, aurait pu rester saine.

IL EST TEMPS

Il est temps,

De partir sans se retourner…

Dans le vent,

Se jeter sans trop y penser…

Prendre son temps,

Puis ne jamais plus s'arrêter…

Il est temps,

Grand temps d'y aller…

HERITAGE / TOKYO

Je suis le fruit d'un livre

Ouvert lors d'une soirée ivre.

Je suis une pièce à lire,

Je suis un cadre à vivre.

Je suis le fruit de l'âge,

Ne regarde pas mon visage,

Ne te fie pas à mon image !
Je te porte, lourd bagage.

Je suis le fruit d'un livre,

Couvert de cuir et reliures cuivre.

Je suis La pièce à vivre,

Je suis Le cadre à lire.

Je suis Le fruit sauvage,

Ne garde pas que mon image,

Ne te fie pas qu'à mon visage !
Je te porte, Métissage…

MILLE-FEUILLES

De toutes ses secrétaires,

C'est elle sa partenaire.

D'entre celles qui s'inclinent,

C'est bien elle son intime.

De sa plume mercenaire,

Bien qu'elle garde sa muselière,

Sur les feuilles qu'elle co-signe

Ses souvenirs, elle imprime.

Les secrets qu'elle sait taire,

Ont fait d'elle Bibliothécaire,

De la mémoire qu'elle consigne,

De ses sombres et nombreux crimes…

CANDICE

Au cœur d'un jardin, se promène une novice,

Loin des tumultes du monde, loin de tous nos vices.

Et même si dans cette vie elle serre la vis,

Son esprit construit là où tout est propice...

Elle rêve en silence, d'une vie de princesse,

Plus de fardeaux ! Vie de déesse !

Douce caresse, dans le vent qui s'adresse

À son cœur et la grandit, fière duchesse.

Par-delà les collines s'étend la campagne,

Chaque jour, elle y marche, cherchant la compagne,

Avec qui partager, et les rires, et le champagne,

Gravir ensemble petites et hautes montagnes...

TRANSE EN DANSE,
TRANSCENDANCE,
TRANS EN DANSE

Dans les ombres du soir, IEL entre en transe,

Cherchant dans le CIEL, des réponses pour trans.

Sous la lune argentée, son cœur jamais ne flanche,

ELLE porte l'espoir, au creux de ses hanches.

Dans le calme de la nuit, dans ce profond silence,

Les étoiles lui murmurent une secrète alliance.

Sous la clarté des astres, éclate une brillance,

Qui éclaire sa route et lui redonne confiance.

Loin des chemins perdus, des voies de déviance,

IL suit le fil d'or d'une délicieuse guidance.

Sous les cieux étoilés, commence alors une danse,

Célébrant de la vie, les mille et une jouissances…

AUBE

La lumière se fait douce et blanche,

Révélant du jour, sa pure et tendre essence.

L'air frais du matin, porteur d'effluves,

S'échappe lentement des anciennes cuves.

Le ciel, teinté de rose, d'un éclat si pâle,

Annonce le réveil, l'amorce de l'Astral.

Chaque rayon naissant, à son tour dévoile

La nuit qui doucement, se défait de sombres voiles.

Dans la clarté nouvelle, la nature se robe,

D'un manteau étincelant, que rien ne dérobe.

La brume du matin, légère vapeur,

Recouvre les champs de cette douce blancheur.

Sur l'herbe, perle la rosée humide,

Dont chaque goutte reflète la clarté timide.

Bel instant de grâce éphémère,

Où le jour et la nuit se rencontrent en lumière.

BAPTÊME

Par un ancien rituel, je touche au spirituel.

En secret on m'immerge et puis soudain j'émerge !

Dans ce cercle mystique, je frôle le cri(s)tique,

Mon âme enfin émerge, en Lumière je m'immerge…

CAPTIVITÉ

En ce monde sombre,

Entre folie et réalité,

Le mental s'égare,

Perdu dans son obscurité.

Mais dans le noir,

Une lueur d'espoir surnage,

Un éclat de lumière

Vient briser cette psychose sauvage.

PLONGEON

Descente dans l'inconnu, je laisse tout derrière moi,

Chaque chute est pour moi, un pas vers l'effroi.

Dans l'immensité de l'Eau, je m'abandonne,

Cherchant les vérités, de cette Terre qui déconne.

L'oubli m'aspire, mais je fonce sans peur,

Dans ces profondeurs, j'embrasse ma vraie valeur,

Loin des regards, loin de la surface,

Entre la vie et la mort, dans un état de grâce…

Chaque goutte, chaque vague, murmure une histoire,

Des secrets enfouis, des rêves pleins de gloire

Et même si la fin reste un mystère caché,

Dans ce grand plongeon je me sens vivifié…

ÉVASION

À la clarté des cieux, décidons de fuir,

Loin des ombres du monde, loin de l'envie de mourir,

Vers des horizons nouveaux, prêts à partir…

Dans l'écho du silence, laissons tout disparaître,

Nos âmes légères enfin découvrent l'Être

Un seul instant, pour ensemble reparaître…

ENVOÛTEMENT

Son regard profond a l'art de séduire,

Bien que dans ses yeux brillants je ne vois aucun nuire,

Troublé, je suis pourtant tenté de fuir.

Ses paroles murmurées réveillent mes pulsions,

Chaque mot prononcé crée en moi fascinations

Je suis subjugué, en proie à toutes sortes d'émotions…

Puis sa douce aura vient tout purifier,

Ses gestes tendres savent comment me charmer,

Mon cœur est capturé, totalement captivé…

Envouté… Je suis envoûté…

SUBMERSION

Maniable,

D'une grâce légère,

L'esprit mobile,

Je me perds.

Ballotté dans les airs

Comme chimère,

Immergé

Dans ce monde, en apnée.

Chaque instant dans ces cordes, emporté,

Dans les rêves d'un autre je suis baigné…

FATALITÉ

Elle est bénédiction,

Parfois malédiction,

Elle est inévitable,

Sa force inarrêtable,

Elle guide chaque fois,

Initie chaque choix,

Toute épreuve est partie du Plan,

« Mektoub » murmure le vent...

RENAISSANCE

Dans un monde de masques et d'apparences,

Cherche en toi une autre présence,

Un éveil, réveil de l'Intérieur,

Accède ainsi à ta vraie valeur.

À la recherche de la lumière éternelle,

En quête de sens, tu te révèles,

Entre humanisme et réalisme,

Trouve enfin la voie du mysticisme…

LIBÉRATION

Vent de spiritualité,

Aller-simple, lâcher-prise,

Vol dans l'immensité,

Leste comme souffle de brise…

Plus de Foi, plus de Loi,

l'Esprit est léger,

Plus de Droits, plus de Poids,

l'Âme crie Liberté…

DERNIER HOMMAGE

Dernier hommage en cette étreinte,

Respect, admiration en cet au-revoir,

Même séparés, nos cœurs gardent en mémoire

Les souvenirs de votre lumière qui s'est éteinte…

RÉVÉRENCE / EAURIGINE

Dans le sombre des nuits, je poursuis des rêves,

L'esprit, en quête de lumière, sans fin, me relève.

Au-delà des étoiles, une force m'incline,

À rechercher sagesse, dans cette quête divine.

Devant l'infini ciel, je fais ma révérence,

La foi me guide, apaise mon errance.

Mon âme en paix, vers la lumière s'incline,

Trouvant dans l'univers, ma source, mon Eaurigine…

EN JE

En Eden, là où l'âme agit,

En chaque ADN, là où naît la magie,

Se grave en douceur, l'Éternel apprentissage,

En chaque geste précis, une marque d'apprenti sage.

Légers messagers, au plus près des cieux,

Étoiles vivantes, au cœur du plus précieux,

Ils éclairent les chemins de leurs éclats radieux,

Et imprègnent les esprits des rares secrets de Dieu.

FACE À FACE

Sous un voile de vapeur, l'impulsion contemplative,
Le flou se dissipe, réveille des mémoires anciennes,
Dans l'eau cristalline, une émanation créative,
Reflète l'intelligence, des vérités de l'arc-en-ciel.

Le rideau se lève sur ce pont mystérieux,
Chaque couleur dévoile un monde multiforme,
L'inconnu murmure des secrets silencieux,
Où danse la licorne, ombre légère, uniforme.

Face à Soi, le miroir dévoile,
L'esprit se fond en nuée subtile,
Dans cette rencontre, le temps passe sans voile,
Unissant l'infini, en un lien fragile.

MESSAGER

Dans le ciel infini, un missile sol-air de passage,

Sous un éclat solaire, la navette en voyage,

Par-delà chaque nuage, elle franchit les âges,

Portant en mémoire secrets de hauts étages.

Elle défie la peur, mue par Sagesse divine,

Et ramène du futur Compréhension ultime,

Chaque saut dans le temps révèle un ancien visage,

Le voyageur revient, porteur d'un nouveau mets sage.

O, R et FEU

Esprit en Lumière, la création prend son essor,

Guidé par Lion d'or, le gardien du trésor.

Dans l'équilibre secret, la vérité peut éclore.

Âme en réveil, Energia transforme sa voix/voie,

Portée par le feu sacré, tout s'amorce et croit.

Dans l'équilibre Sator, la vérité se déploie.

Corps en fusion, l'âme et l'esprit se lient,

Sous la force divine, la vérité se réunit.

Dans l'équilibre sacré, la création s'accorde et s'accomplit.

ALLIAGE

De l'ombre à la lumière, le diamant se révèle,

Par le souffle et le verbe, l'alchimie éternelle.

Sous la terre fertile, le saphir éblouit,

Illumination pure de 2 cœurs/chœurs unis.

Émeraude de l'espoir, lentement polie,

Éternelle alliance, un joyau qui reluit.

Dans le Verbe aimer/Aimé, éclat de diamant,

Le plomb se fait précieux sous attraction de l'Aimant.

De la terre, au plomb, au saphir en fusion.

Pierre de prix qui vient sceller cette union.

Illumination pure, émeraude en chemin,

Une alliance sacrée qui défie le destin.

LIEU SECRET

Sous ma plume, la vision se dessine,

Ouvrant les portes d'un rêve ancien,

Sous la lune, la lumière divine,

Guidant mon âme vers un certain chemin.

Puissance vitale, souffle créateur,

Dans l'antre, tout se révèle,

La force entre avec ardeur,

Nourrit, l'esprit d'un bon se relève !

Transmission tout en douceur,

Comme brise qui murmure au vent,

Mes rimes tissent un fil de lueur,

Qui relie/relit le temps, au Temps…

(Passé-Présence-Futur)

ELIXIR

Dans une cruche d'argile, fragile et friable,

S'assemble un breuvage aux vertus ineffables.

Le feu liquide danse, agile et ténébreux,

Et l'eau dorée chante, nous rendant des plus radieux !

L'huile parfumée vient se mêler en tourbillon,

Et l'abeille, dans son envol, caresse notre frisson.

Bourdonne un chant d'amour au Mi-El délicieux,

Doux nectar rassemble notre terre avec les cieux!

MON NOM

Sous la voûte céleste, de Son Nom insigne

Gravé dans l'éternité, marqué par des signes,

Chaque pas est un miracle sans âge,

À mort chimère et tout autre mirage !

Dans le reflet divin, un nouveau moi,

Révèle les prodiges d'une nouvelle foi/fois.

La couronne ancestrale éclaire mon visage,

D'une vision claire, entre le fou et le sage.

Je marche en roi, porteur de l'essence,

Arbre de vie et de connaissance…

Son Nom en moi résonne en écho,

Vibrant, brisant les murs de l'ego.

L'Esprit m'élève en poétique…

Doux murmures de Sagesse prophétique,

De Je Suis qui premièrement Se nomma…

Onoma…

CHWANEY

LES 33 ŒUVRES…

1) **Je Suis Lee-Anne** : Une exploration de l'identité, de l'essence d'une personne nommée Lee-Anne et de ce qui la rend unique.

2) **Miss Terre** : Une ode à la nature, à la Terre avec ses beautés et ses fragilités.

3) **Corps d'Âge** : La relation entre le corps et le passage du temps, comment notre enveloppe physique change avec les années.

4) **Légère** : La sensation de légèreté, que ce soit physique, émotionnelle ou spirituelle, un envol vers la liberté.

5) **En Corps** : La connexion profonde avec son propre corps, l'acceptation et l'amour de soi.

6) **Je N'ai d'Yeux Que Pour Dieu** : Une déclaration de foi, d'amour divin, et de dévotion spirituelle.

7) **Belle** : Une réflexion sur la beauté, intérieure et extérieure.

8) **Charnelle** : La sensualité, le plaisir des sens.

9) **Il Est Temps** : L'urgence de vivre, de réaliser des rêves et de ne pas attendre pour agir.

10) **Héritage / Tokyo** : La transmission des traditions, des cultures, et l'impact des générations passées sur le présent.

11) **Mille-Feuilles** : Les couches de la vie, les expériences accumulées, et les multiples facettes de notre existence.

12) **Candice** : Une personne particulière Candice, ses traits distinctifs et sa candeur, ses histoires et son impact sur l'auteur.

13) **Transe en Danse / Transcendance / Trans en Danse** : L'état de transe atteint par la danse, la transcendance à travers le mouvement et l'expression corporelle.

14) **Aube** : Le renouveau, l'espoir, et les nouveaux départs symbolisés par le lever du jour.

15) **Baptême** : Un nouveau commencement, une purification, et un rite de passage vers une nouvelle vie.

16) **Captivité** : La sensation d'être emprisonné, que ce soit physiquement, émotionnellement ou mentalement, et la quête de liberté.

17) **Plongeon** : Le saut dans l'inconnu, l'audace de se lancer sans savoir ce qui nous attend.

18) **Évasion** : La fuite vers la liberté, l'envie de s'échapper des contraintes de la vie quotidienne.

19) **Envoûtement** : La fascination, l'attraction irrésistible, et le charme qui capture l'esprit et le cœur.

20) **Submersion** : Être submergé par des émotions, des événements, ou des situations, et la manière de s'y confronter.

21) **Fatalité** : L'inévitabilité du destin, les forces incontrôlables qui guident nos vies.

22) **Renaissance** : La réinvention de soi, le renouveau après une période difficile, et la transformation positive.

23) **Libération** : Se libérer des chaînes, qu'elles soient physiques, émotionnelles ou spirituelles, et trouver la véritable liberté.

24) **Dernier Hommage** : Un poème de commémoration, d'adieu, et de respect envers une personne ou une époque révolue.

25) **Révérence / Eaurigine** : Un hommage à l'origine, aux sources de la vie, et à l'eau comme symbole de pureté et de renouvellement.

26) **En Je** : L'exploration introspective de soi-même, de son essence, et de ce qui constitue notre être profond.

27) **Face à face** : Il décrit une confrontation directe où la vérité et la sagesse se révèlent, mettant en lumière le reflet de Dieu dans l'individu.

28) **Messager** : Ce poème capture l'essence du voyage à travers le temps et l'espace, où chaque déplacement

révèle de nouvelles perspectives et savoirs à ramener dans le présent.

29) **O, R et Feu** : Ce poème est une réflexion sur les éléments l'eau, l'air, le feu, la fluidité, la pureté et la transformation.

30) **Alliage** : Il s'agit d'une métaphore pour les unions profondes et indissolubles, symbolisant la force et la beauté qui émergent de la fusion de l'alliance.

31) **Lieu Secret** : Découverte d'un espace de paix et de refuge, où l'on trouve la sérénité et la connexion avec le divin, à l'abri des tumultes extérieurs.

32) **Elixir** : Ici, l'élixir représente un breuvage symbolisant la sagesse et la vie éternelle. Traverser les épreuves et les mystères pour accéder à une forme supérieure de connaissance.

33) **Mon Nom** : Méditation sur l'identité qui met en avant la signification profonde et la force spirituelle contenue dans le nom.